AF253903

LA RÉPUBLIQUE ?

Lyon. — Typographie de GUYOT,
Hôtel de la Manécanterie, rue et cour de l'Aarchevêché.

QU'EST-CE QUE
LA RÉPUBLIQUE ?

PAR

CHATELET,

HUISSIER PRÈS LE TRIBUNAL CIVIL DE LYON.

> La Société, tout en ayant l'air de
> rétrograder quelquefois, ne cesse de
> marcher en avant.
>
> CHATEAUBRIAND, *Etudes historiques.*

LYON,

GUYOT FRÈRES, IMPRIMEURS-LIBRAIRES,

Hôtel de la Manécanterie, rue de l'Archevêché, 2 ;

Même Maison de détail, grande rue Mercière, 59.

—

1848.

PRÉFACE.

C'est dans la nuit du 25 au 26 février dernier que j'ai tracé les quelques pages livrées aujourd'hui au public. Mêlé à la foule dont la place des Terreaux était alors inondée, troublé par un imposant et majestueux spectacle, mais dont la grandeur frappait pour la première fois mes regards, j'avais vu la république gravir les marches de l'Hôtel-de-Ville, et j'avais entendu sa grande voix nous jeter à tous le mot de liberté à travers les sublimes strophes de l'hymne national ; chacun se le rappelle : la nuit était sombre, de nombreuses torches projetaient au loin sur des flots de têtes humaines le brillant éclat d'une vacillante lumière ; le peuple promenait sa colère et chantait son triomphe ; il passait et repassait, semblable à la vague tourmentée par l'orage ; quel orage, en effet ! qui de nous, faibles et timides passagers, n'a regardé les cieux pour ne pas voir s'abîmer le vaisseau que d'imprudents nautonniers avaient jeté sur un écueil ? Les plus anciens parmi nous faiblirent les premiers et pâlirent devant leurs souvenirs qu'ils invoquaient en tremblant, comme si leurs souvenirs étaient autre chose aujourd'hui que de vains fantômes qui disparaissaient après une nuit de cinquante ans !

An moment dont je parle, il n'y avait pour moi ni passé ni avenir, le présent dominait et absorbait mon esprit; chaque minute était une étoile de plus dans mon ciel, je n'avais pas encore salué la dernière qui m'avait souri, qu'un autre y venait briller à son tour; non, je ne puis dire sous quelles impressions vivait mon ame, lorque je rentrai chez moi ; mon cœur était triste et mon visage était baigné de pleurs ; enfant du peuple, élevé par lui, au milieu de lui, vivant comme lui du labeur de ma journée, que me faisait à moi et la dynastie qui s'en allait et les priviléges qu'elle emportait ? Obscur et pauvre travailleur, placé comme mes frères, sur les bords du Pactole donné à ferme aux plus offrants et derniers enchérisseurs, pouvais-je m'attrister quand le légitime propriétaire venait enfin déchirer un bail faussement revêtu de sa signature ? Non, non ! d'autres pensées naissaient en moi, des pensées plus grandes, et plus hautes et plus plus nobles ; je m'attristais sur l'instabilité des choses humaines.

Quoi ! me disais-je, les hommes seraient-ils éternellement condamnés à se mouvoir dans le même cercle et à puiser toujours des larmes, alors même qu'ils croient avoir fait jaillir sous leurs pas les plus pures sources de la vie, ou bien les larmes sont-elles plus pures que les joies ? Dieu n'aurait-il jeté en nous un invincible désir de liberté que pour nous faire mieux sentir le poids de la servitude ? Combien de fois les sociétés anciennes ont-elles secoué leurs robustes épaules pour briser leurs chaînes, combien de fois ont-elles cru à leur indépendance, hélas ! et combien de fois n'ont-elles adoré qu'une chimère ? A ne consulter que l'histoire de notre pays, combien de barricades ont fait trébucher tour-à-tour les couronnes et les sceptres, et cependant quel bonheur en est résulté pour le peuple ? Toujours le peuple a versé son sang et jamais il n'a cessé d'être entraîné par ceux qui le caressaient pour le dominer ; vainqueur aujourd'hui et flatté par ses courtisans, dès le lendemain il a vu ses courtisans de la veille devenir ses maîtres. En sera-t-il ainsi cette fois encore ? Le sang généreux de ses héroïques enfants ne produira-t-il pas enfin et définitivement la paix et la liberté ? Faudra-t-il sans cesse élever un homme sur le trône et renverser le trône, après quelques heures passées dans la joie, après de longs jours passés dans les larmes ?

J'allais ainsi, me livrant à ces tristesses et les écrivant comme elles sortaient de mon cœur ; elles m'avaient été douces, fallait-il les cacher en moi ou les répandre au milieu des hommes ?

Je réclamais dans une brochure publiée il y a trois ans, une liberté pleine et entière sur tout et pour tous ; je combattais alors une doctrine qui me semblait restrictive du droit général ; je soutenais que la mission du Christ avait seule émancipé l'espèce humaine , j'ajoutais que le catholicisme avait noblement guidé les nations dans le chemin tracé par le maître ; aujourd'hui que Pie IX est venu prouver la vérité de ce que j'avançais alors, aujourd'hui que la France a répondu à la voix du Père commun en publiant le dogme sacré de la fraternité , qu'il me soit permis de céder encore à l'entraînement général et de dire une seconde fois : « On ne fait pas deux fois le voyage de la vie , et on le fait si rapidement ! Pourquoi ne pas jeter en passant un lambeau de son intelligence ? La foule de ceux qui nous suivent est grande et ils ont besoin de ce pain de vie pour s'avancer dans la carrière qui leur est ouverte. »

« Une grande révolution est accomplie, une plus
« grande révolution se prépare. » Ces paroles pro-
phétiques sorties de la bouche de M. de Château-
briant, peu après les journées de juillet, viennent
d'obtenir leur plus complète réalisation. Avant lui, et
dans ses douloureux instants sur le rocher de Sainte-
Hélène, Napoléon avait annoncé qu'avant 50 années
« la France serait républicaine ou cosaque. » La Providence et le peuple se sont chargés de donner raison

à l'un et à l'autre. Les hommes de génie sont doués d'une seconde vue qui ne les trompe que lorsqu'ils s'égarent dans les passions de la terre et qu'ils s'arrêtent dans la boue. Les événements dont nous venons d'être témoins et auteurs sont de nature à laisser dans les esprits des impressions bien diverses ; les uns n'y verront peut-être que le résultat d'une fausse politique, les autres voudront peut-être n'y trouver que le résultat stérile d'un aveugle hazard. Pour moi (je le dis tout haut), j'en tire cette conclusion que le sceptre et la couronne de France ne sont la propriété d'aucun homme, que d'aussi nobles choses n'appartiennent qu'à celui dont la puissante main dispose à son gré des orages du ciel et des fleurs de la terre, et qu'il mesure à chacun des hommes appelés à gouverner le pays, le bonheur avec parcimonie, les larmes avec largesse. Louis XVI jette, le 21 janvier 1793, son dernier adieu au peuple qu'il affectionnait ; 21 années sont à peine écoulées, qu'après diverses dominations plus ou moins organisatrices ou plus ou moins éphémères, le règne d'un héros vient expirer, riche des plus glorieux trophées, enseveli dans les plus nobles drapeaux, aux pieds des hordes sauvages du Caucase ! Quel souffle avait donc passé sur le trône pour l'arracher aux puissantes serres de l'aigle invincible jusqu'au dernier jour?

Les feux de la guerre s'étaient majestueusement éteints dans les champs de Waterloo ; Mars était captif à Ste-Hélène, la paix souriait ; un nouvel enfant, qu'ils appelaient le fils de France, venait rassurer les Bourbons, la victoire leur avait en passant jeté un laurier ; quel homme aurait osé prédire et condamner ? Et cependant, trois générations de rois, après seize ans de règne, ont été, après trois jours de combats, brisées entre deux pavés ? Où donc s'était formé l'orage qui les emportait sur la terre étrangère ?

Les jours dont je parle, jours d'exil et de deuil pour les uns, de gloire et de bonheur pour les autres sont à peine derrière nous, les rayons du soleil qui brilla sur eux, brillent encore sur la montagne, un autre enfant, innocent comme le premier, beau comme lui, n'a pas achevé la partie commencée, et voilà qu'une tempête enlève tout à la fois l'enfant, la mère et les aïeux ! Quel fatal génie a donc secoué ses ailes sur la demeure des rois ?

Quelques années ont suffi pour dévorer la terreur, la faiblesse, la gloire, le bonheur et la sagesse ; dix ans à peine pour le passage de chacun d'eux sur la terre de France! La Convention est morte sous un échafaud, le Directoire s'est éteint dans son immoralité, la victoire s'est lassée d'une insatiable ambition, la faiblesse a perdu la Restauration, la dynastie de juillet a été enlevée malgré sa force! Toutes ces causes sont dominées et dirigées par une une volonté supérieure, inaperçue de la multitude et qui crie, à chaque révolution sociale, aux puissants de la terre, ces mots qu'un grand orateur a popularisés parmi nous : *Et nunc reges intelligite.* » ... Ils ne comprennent pas ou bien ils comprennent pendant peu de temps ; longtemps l'opinion publique les sollicite à la guider dans la voie de la civilisation, leur sagesse balance, et pendant qu'elle hésite, la sagesse de Dieu crie aux nations de marcher, et elles marchent ; le pouvoir est encore assis sur une borne, rêvant ses rêves et s'applaudissant de sa prudence ou de sa force, que déjà le peuple, arrivé au but sans regarder derrière lui, laisse dans la poussière le pesant bagage d'une royauté morte et se fait un manteau royal de ses souvenirs oubliés, de sa gloire profanée et de ses droits méconnus!

Le peuple, le peuple! Il n'a pas d'armes, lui ; les cavaliers lui manquent, mais la raison lui reste et la liberté moderne est la fille de la raison ; certes, il a prouvé plus d'une fois depuis le règne funeste de Henri III jusqu'au 24 février dernier qu'il y avait en lui quelque chose de plus puissant que la volonté des rois, que le bronze de leurs armées et que les cuirasses de leurs soldats ; les barricades ont toujours vaincu ! Les premières furent improductives, parce qu'elles ne furent point l'ouvrage d'un peuple cherchant à conquérir sa liberté ; la subversion essayée par Guise n'avait pas pour but le bien commun ; il manquait à ces mouvements tumultueux, mal organisés, « cette foi à l'indépendance qui renverse tout. »

L'instinct de la liberté pouvait bien échauffer les cœurs, mais la raison n'en existait nulle part ; les éléments d'un ordre social plus conforme à la doctrine évangélique fermentaient indécis dans les ténèbres ; la création commençait, la lumière n'était pas faite ! Qui donc a produit cette ineffable lumière à laquelle personne aujourd'hui ne peut plus fermer les yeux ? Serait-ce l'assassinat, le martyr ou l'exil d'un roi ? Serait-ce la torture, le bannissement ou la destruction d'un parti sacrifié par un parti rival ? Oh ! non, mille fois non ! La mort n'a jamais enfanté la vie, la liberté n'est pas fille de l'esclavage et le vice n'est pas l'ancêtre de la vertu ! Ce qui a produit parmi les hommes la lumière qui brille maintenant à leur berceau , c'est l'idée ! Une idée , une fois tombée dans la société , ne meurt plus, elle grandit de génération en génération , et finit par se faire jour malgré toutes les résistances ou malgré tous les obstacles ; cette idée , dont la nature domine et embrasse toutes les autres , était l'idée de la liberté ; née dans un temps de corruption , elle pût dormir pendant des siècles ; mais elle ne dérogea pas et fût enfin éveillée de son long sommeil par la voix de la philosophie chrétienne , par celle de la phisophie rationnelle et plus tard par la voix de la philosophie naturelle ; c'est ainsi qu'elle fit son entrée dans la société moderne , produite par la croix du Christ , appelée par la science humaine et soutenue par les bras du peuple. Aussi peut-on dire , avec un de nos plus célèbres écrivains : « que la liberté est le droit des peuples. » Cela est tellement vrai, qu'ils l'ont constamment cherchée comme un cerf altéré cherche une source rafraîchissante, et que dans leur longue marche au milieu de la solitude faite autour d'eux, leurs yeux, souvent éblouis par un éclatant et mensonger mirage , n'ont jamais rencontré que de vains fantômes, souriants d'abord et gracieux, portant dans leurs mains des coupes enivrantes, ornées des plus séduisantes roses ; mais traînant après eux les larmes, le désespoir et le sang, ou du moins la plus honteuse et la plus cruelle déception.

L'histoire ne meurt pas, et si les historiens se trompent et s'égarent, elle proteste contre leurs erreurs, soit qu'elles viennent de leur ignorance, soit qu'elles soient produites par leurs passions. Peu nous importe donc l'opinion de chacun d'eux, car nous savons avec eux, ou malgré eux, que jusqu'au mouvement naturel de 89, les efforts de la France pour respirer à l'aise, n'ont été que d'inutiles convulsions ; que la constitution décrétée en 91 par l'Assemblée nationale, inspirée par le plus sage dévoûment au bien public, est allée se perdre « dans le baquet où tombaient les « têtes à couronne ou à bonnet rouge ; » et qu'enfin la charte-vérité de 1830 a été déchirée le 24 février 1848, sur les boulevards de Paris, par les balles qui auraient dû la protéger. Nous avons vu tour à tour le despotisme, la démocratie et l'aristocratie s'arroger le droit de nous départir le bonheur ; le peuple s'en est fatigué tour à tour. Pourquoi cela ? La raison en est bien simple : Le despotisme ne convient à personne, sinon aux despotes. La démocratie de 89 ne pouvait se familiariser en France, parce qu'elle était venue trop tôt ; elle s'est présentée avant l'aristocratie, telle a été son plus grand tort ; et, en effet, le despotisme est le gouvernement d'un seul ; l'aristocratie est le gouvernement de plusieurs, et la démocratie est le gouvernement de tous. Passer subitement du despotisme à la démocratie, c'était manquer à l'ordre naturel, et les sociétés n'y manquent jamais impunément. Depuis, revenant en arrière, nous avons eu l'aristocratie, mais ce système est, pour la masse des citoyens d'un même empire, quelque chose de plus humiliant que le despotisme lui-même ; il est moins dur, en effet, d'obéir a un seul que de se soumettre aux volontés de plusieurs. Le despotisme et l'aristocratie, essayés chacun en son temps, n'ont pu tenir devant la volonté du peuple, qui, de sa nature, et presque sans effort, est revenu à la démocratie, c'est-à-dire à la République. Bien des gens s'en sont effrayés, parce que leur imagination s'est prêtée à de lugubres souvenirs, à des épouvantes qu'un demi-siècle n'a pu dissiper ; toujours devant leurs yeux passent et repassent, en dansant d'ignominieuses rondes autour des échafauds, des parques ivres de sang ; mais ce sentiment n'est pas autre chose que la terreur, et qui donc aujourd'hui veut de la terreur ? La main de Robespierre tient-elle les rênes de l'Etat ? Le peuple aime-t-il encore le pillage ? Depuis quelques jours la République est proclamée en France, quels crimes ont été commis? quel sang a été versé? La démocratie se présente comme une des vérités sociales, recevons-la comme une reine qui prend possession de son empire.

Il convient d'avouer que, dans certaines localités, et de la part d'une certaine catégorie de citoyens, de déplorables désordres ont eu lieu; l'autorité a dû s'en alarmer et y pourvoir; la cité compte sur elle et sur sa vigilance. Les hommes coupables de semblables excès ont méconnu leurs devoirs; ceux que la terreur a subjugués ont méconnu leurs droits; tous ensemble ont méconnu le véritable esprit du républicanisme. C'est servir la patrie que de leur définir : 1° la nature d'une vraie république; 2° les devoirs et les droits d'un citoyen.

QU'EST-CE QUE LA RÉPUBLIQUE ?

La République est l'exercice de la souveraine puissance par le peuple en corps. D'où il suit que, dans une République, le peuple est à certains égards, le monarque, et, à certains autres, le sujet (1).

La République est-elle un sentiment qui flatte certains esprits ; excite leurs passions et les pousse à commettre des actions réprouvées par la morale religieuse ou sociale ? Sur quel principe se fonde la République ? La République peut-elle être nuisible aux intérêts et au repos des citoyens ?

Répondre à ces diverses questions, par l'histoire et

(1) Montesquieu, *Esprit des lois*, t. 1, p. 14.

par la raison, c'est entrer dans la difficulté même, et les résoudre c'est rassurer et tranquilliser les esprits sérieux et les consciences honnêtes.

La République n'est pas un sentiment qui appartienne aux uns plus qu'aux autres, c'est un principe qui appartient à tous. Tout le monde comprend, et il est facile de comprendre quelle différence existe entre un principe et un sentiment. L'un est passager comme un rayon de soleil qui vient un instant jouer à notre croisée ; un instant le voit naître et mourir, c'est la feuille détachée de l'arbre et que le vent chasse devant lui ; il tombe aujourd'hui dans un cœur et l'échauffe ; ce cœur est glacé le lendemain, le sentiment s'est desséché ; nul ne peut bâtir sur un sentiment. L'autre tient à la nature même de l'homme, c'est une vérité née pour lui et avant lui, c'est l'étoile fixe dont l'œil guide le genre humain dans son pélerinage terrestre ; s'il est sans enthousiasme aujourd'hui, demain il sera le même, c'est la montagne élevée au sommet de laquelle chacun de nous doit arriver pour voir à ses pieds toutes les richesses passagères et recueillir en son âme toutes les splendeurs de l'intelligence ; on s'appuie sur le principe pour s'entretenir avec la sagesse.

Le despotisme et l'aristocratie sont aussi des principes, mais ces principes reposent sur la crainte ou sur l'ambition, c'est-à-dire sur le caprice du maître et sur la servitude plus ou moins bien portée de l'esclave. A quoi servirait la vertu dans un état où il n'y a qu'une seule volonté? Là où tout le monde n'a plus qu'à obéir, il ne faut qu'une vertu, celle de l'obéissance.

D'où il résulte que dans un état de République, c'est-à-dire, dans un état où le peuple est seul souverain, où chacun commande à tous, où tous obéissent à chacun, le vrai principe doit être celui de la vertu. Qu'arriverait-il, en effet, s'il en était autrement? C'est qu'il ne se trouverait plus personne pour faire des lois, pour y obéir et les faire respecter ; c'est que l'état ne serait plus qu'un cadavre sans vie, qu'une force étrangère pourrait balayer à son gré, sans qu'il se présentât personne pour rappeler en lui cet esprit d'honneur qui fait la vie de la noblesse et la gloire des rois.

Le principe de la République étant la vertu, il est évident que ce gouvernement est plus parfait que l'aristocratie et la tyrannie; d'où il résulte qu'il est plus conforme à la vérité évangélique et qu'il devrait être la base de tous les gouvernements, puisque c'est par l'Evangile que toutes les nations ont été appelées à sortir de l'ombre de la mort pour s'approcher du soleil de toute justice. Dans quel état faut-il plus de dévouement, plus de désintéressement, moins du *moi* humain, et moins d'égoïsme que dans un pareil état, puisque chaque citoyen, au lieu d'avoir à régler sa vie sur la vie d'un seul, sans s'occuper des autres, ne peut plus vivre qu'avec les mœurs et la volonté de tous, sans être soutenu par tous et sans donner la main à celui qui l'appelle pour lui tendre la main et l'aider à marcher?

Aussi les Républiques qui eurent le malheur de perdre de vue le principe fondamental de leur existence, sont-elles subitement devenues la proie du despotisme. Carthage dénonça Annibal aux Romains, leur livra ses meilleurs citoyens, ses richesses et ses vaisseaux; Athènes laissa Démétrius démembrer ignominieusement ses vingt mille citoyens, put à peine s'éveiller aux patriotiques accents de Démosthènes et s'en fut expirer à Chéronée; Rome n'était-elle pas descendue dans la corruption lorsque Sylla lui offrit inutilement la liberté qu'elle avait perdue? Après des efforts inouïs pour établir parmi eux le gouvernement républicain, les Anglais, privés des

vertus sociales, ne finirent-ils pas par rétablir l'aristocratie sous laquelle nous la voyons se débattre
aujourd'hui? Et la France elle-même, n'a-t-elle pas
traversé le Directoire avant d'incliner son drapeau
devant l'épée de la victoire?

La République n'est donc pas un sentiment, mais
un principe vivificateur, celui de la vertu; et ce
principe n'appartenant, comme base essentielle, qu'à
la République, il est certain que ce genre de gouvernement est le plus parfait de tous les gouvernements; il ne faut donc pas craindre, de la part
de ceux qui lui obéissent, des actions subversives
de l'ordre social ou nuisibles à l'intérêt particulier.
La Religion pourrait-elle se croire menacée? elle,
la fille du Calvaire, la mère de toute civilisation;
elle, le drapeau sous lequel marchent pêle-mêle les
riches et les pauvres, les forts et les faibles; elle,
qui les appelle tous avec une ineffable douceur et
les presse contre son sein avec une égale affection;
pourrait-elle rien redouter de ses enfants? Si quelques-uns se montrent ingrats, ceux-là ne lui man-
queront pas qui essuyeront ses larmes; « la société,
« dans une République surtout, ne peut vivre que
« de sympathie, de dévoûment et de sacrifices,

« d'amour enfin, car l'amour seul réalise l'unité,
« l'unité de famille, l'unité de nation, et de proche
« en proche, en s'épenchant toujours, l'unité plus
« parfaite du genre humain, dernier terme du pro-
« grès social(1). » Qui donc jeta le premier, sur la
terre, cette parole de vie? qui, sinon le Christ?
N'est-ce pas sa voix divine qui en vint proclamer
le règne dans une société dissoute par l'individua-
lisme et mourante au sein de la corruption? Il fut
vraiment le sauveur du monde, et le monde, en
effet, ranimé par l'effusion d'une vie nouvelle, tres-
saillit d'une joie inconnue. Il dit aux hommes, vous
êtes frères, et cette seule parole avait ouvert à l'humanité une voie de progrès indéfini : car la loi de
fraternité, proclamée sans cesse par la Religion, devait
peu à peu réagir sur les lois politiques et civiles, et
en changer le caractère. L'esclavage disparut, et
après lui le servage. Le Christianisme a enfanté la
liberté, de la liberté naquit le peuple, et le peuple
imbu de l'immortelle et féconde maxime de la fraternité humaine, d'où se déduit immédiatement l'égalité
sociale, eut conscience de ses droits, en reclama la
jouissance et ne s'est pas reposé jusqu'à ce qu'il en
eût fait la conquête.

(1) Lamennais.

La Religion, je le demande, peut-elle donc avoir peur de la Révolution ? La sœur aînée doit-elle trembler pour son existence, quand il lui vient une sœur qui lui tend la main ? Une appréhension de cette nature est une injure pour l'une et l'autre. N'est-il pas visible, en effet, que la Révolution, en s'appuyant sur l'ordre public, sur l'égalité des hommes et sur la liberté, s'appuie sur le principe évangélique ? Et vous voulez qu'elle méconnaisse son origine, qu'elle marche contre elle-même et qu'elle se détruise ! Ah ! s'il en était ainsi, vous devriez venir à son aide, la soutenir et la guider ; vous le devriez, l'Evangile à la main ; au lieu de prier pour le roi, priez pour le peuple ! Le roi n'est qu'une image, le peuple, c'est l'humanité ! Que devez-vous faire encore ?

La fraternité universelle, admise spéculativement comme un principe incontestable, n'est plus, depuis long-temps, qu'une sorte d'axiome philosophique et de croyance stérile. « Elle a cessé d'être un sentiment, « elle est devenue une simple idée. » Que votre souffle ne s'approche pas d'elle pour l'éteindre ou l'emporter, mais pour la vivifier. Les hommes croient sans peine aux préceptes et aux dogmes d'une religion d'amour ; ils se sentent meilleurs, ils connaissent

2

qu'ils ont laissé là les dépouilles de la mort, pour passer à la vie, quand ils se sentent plus unis et plus frères. Cette religion qu'ils invoquent, cette religion seule capable de combler le vide qu'ils sentent en eux-mêmes, est-elle autre chose que cet amour récipro-que dont le besoin les tourmente, cet amour que le Christianisme, après l'avoir introduit dans la vie indi-viduelle, devait introduire dans la vie sociale, pour y réaliser l'égalité, la fraternité, vers lesquelles, en vertu de ses lois essentielles, l'humanité ne saurait un moment cesser de tendre. Honneur donc et mille bé-nédictions à celui qui aura réveillé dans les peuples les sympathies désintéressées, l'esprit de dévoûment, l'amour enfin qui, triomphant de toutes les passions égoïstes, nous apprend à vivre pour nos frères, et, s'il le faut, à mourir pour eux ! Celui-là aussi sera un apôtre, il le sera comme Jean le bien-aimé qui disait aux hommes de son temps et à ceux de tous les siè-cles, ces belles et touchantes paroles : « Nous con-naissons que Dieu nous a aimés, parce qu'il est mort pour nous, nous devons mourir pour nos frères ; car ce n'est pas en parole seulement que nous devons nous aimer, mais bien par nos œuvres et nos actions (1). »

(1) Et nos debemus pro fratribus animas ponere. Filioli mei, non diligamus verbo, neque linguâ sed opere et veritate.

C'est à peine s'il est permis de tenter de rassurer les intérêts particuliers qui pourraient craindre d'être emportés et détruits par le nouvel ordre de chose. Ce serait un grand malheur, un malheur plus terrible que la perte d'une bataille, si les esprits ne pouvaient, ne devaient pas se rassurer à cet égard ; il n'y aurait plus de sérénité dans notre ciel et sur la terre de France il n'y aurait plus que des orages. Mais pourquoi en serait-il ainsi ? quelle serait la source du mal ? la nature du gouvernement ? les hommes qui gouvernent ? les hommes qui sont gouvernés ?

La République, nous venons de le voir, n'a pas d'autre principe que celui de la fraternité, de l'égalité et du bien-être général, et pour arriver à ces fins, au lieu de s'appuyer sur l'honneur ou la vanité, comme dans les monarchies, elle ne peut s'appuyer que sur la vertu. Cela est tellement vrai que ce principe venant à lui manquer, elle n'aurait pas une heure de vie ; elle ressemblerait à un navire battu des vents, errant à l'aventure sur les flots et venant se briser sur le premier et le plus léger écueil.

La vertu est-elle spoliatrice ? quel intérêt particulier pourrait-elle blesser ? Les propriétés ne sont-elles pas respectueusement conservées par elle ? Les positions sociales ne sont-elles pas énergiquement protégées dans ce qu'elles ont de légal ? Assurément, il n'est pas, il ne peut pas être question ici des positions politiques ou administratives ; elles ne sont la propriété d'aucun des citoyens, elles sont la propriété de tous ; ces positions constituent le gouvernement et le gouvernement est aujourd'hui revenu dans le domaine public. De quoi donc, en effet, pourraient se plaindre les titulaires déplacés ou dépossédés ? Avaient-ils fait un pacte avec le gouvernement déchu pour s'immobiliser dans les positions qu'ils défendent ? Pour les obtenir, avaient-ils fait des sacrifices approuvés et consacrés par la loi ? nullement, leurs titres étaient gratuits et viagers, on les leur avait donnés, on les leur a retirés, voilà tout. Que doivent-ils faire, sinon se montrer bons citoyens, aider l'ordre de chose actuel à s'établir solidement dans l'esprit public et attendre que leur dévoûment à la patrie soit de nouveau récompensé par elle.

Toutes les positions sociales ne sont pas d'une nature gratuite ; il en est que le gouvernement n'a pas voulu donner et sur lesquelles il s'est réservé des droits de mutation très-élevés, et auxquelles il a imposé l'obligation d'un cautionnement dont les intérêts sont servis à un taux excessivement médiocre. J'entends dire que l'Etat a conçu le projet de s'en emparer. L'Etat ne le fera pas, ou s'il le fait, il apportera dans cette délicate et difficile opération, les sentiments de justice et d'équité dont il ne lui est pas permis de se départir. La loi ne peut avoir d'effet rétroactif sans produire la plus facheuse perturbation dans l'ordre public. Les positions dont il s'agit ont-elles été finalement transmises avec ou sans la sanction légale? voilà toute la question. La réponse n'étant pas douteuse, il doit demeurer vrai que les titulaires sont des acquéreurs dont la propriété est aussi sacrée que celle d'un meuble ou d'un immeuble. Il est inutile d'expliquer les funestes conséquences qu'entraînerait après elle la mesure projetée. Combien de familles aujourd'hui prospères seraient subitement jetées dans le plus grand dénûment? Combien, parmi eux qui ont vendu et n'ont pas été encore désintéressés, attendent avec impatience les sommes dont ils ont besoin, sur lesquelles ils ont dû compter? Ils n'ont pas eu le droit de céder moyennant un prix quelconque, ils n'auront donc pas le droit de rien exiger de leurs successeurs! Encore une fois, de pareilles conséquences ne peuvent être admises sans blesser l'équité, blesser l'équité c'est agir contre le principe le plus vrai d'un gouvernement universel, il n'est donc pas à craindre que les citoyens soient condamnés à les subir.

Le commerce seul pourrait, avec une apparence de raison, élever des plaintes sérieuses; on ne peut, en effet, s'empêcher de convenir que la commotion du 24 février n'ait jeté la perturbation dans quelques branches commerciales et semé dans toutes quelque chose de dubitatif et d'incertain dont se ressentent fatalement tous les intérêts. Le résultat le plus désastreux de cet état d'incertitude, tout le monde le sait, c'est la subite disparution du crédit public.

Ce malheur (car c'en est un réel), est-il par sa nature inhérent à telle ou telle forme de gouvernement, à cette modification sociale plutôt qu'à cette autre modification? Evidemment non! Certes, nous avons tous été plus d'une fois témoins d'un changement de dynastie; tous nous avons, plus ou moins souvent assisté aux changements de constitutions; est-il jamais rien arrivé de semblable sans qu'à l'instant même les sources de la vie commerciale se soient tout-à-coup fermées, sans que l'or se soit immédiatement et comme par enchantement enfoui dans les plus secrets réduits? Le commerce fut-il prospère après 89? La chute du Directoire ne lui fut pas nuisible, parce que le Directoire lui était inutile; c'est peut-être le seul exemple que nous en puissions trouver dans l'histoire des peuples, mais aussi les circonstances dans lesquelles il s'est produit, sont-elles uniques dans les annales de l'humanité; Mercure ne s'était-il pas enfui sur les ailes de l'aigle impériale? combien a duré son exil volontaire ou forcé? Qui ne se rappelle 1830 et ses tristesses in-dustrielles au milieu de ses joies politiques? Notre tâ-che, à nous, sera plus dure et plus longue peut-être; pourquoi? parceque la révolution de 1830, qui n'était qu'une conséquence de celle de 89, n'était pas elle-même achevée; ceux qui la dirigèrent étaient-ils mal-habiles ou mal intentionnés? assurément non, mais ils étaient de leur époque. Pour tout concilier, ils voulurent combiner le passé avec l'avenir et ils ne firent que mélanger la vie et la mort; ils violèrent les lois de la nature et par conséquent ils créèrent un état de malaise et de souffrance en détournant l'hu-manité de sa voie. Qu'est-ce qui a rendu inévitables les changements accomplis? l'incompatibilité des prin-cipes respectifs de l'ancienne société et de la nouvelle. Aussi long-temps donc que ces principes fondamenta-lement opposés seront en présence dans les institutions et dans les lois, aussi long-temps la société, tiraillée en sens divers, sera en proie à une guerre désastreuse. La révolution se trouve prolongée, voilà tout. Il se fait chez le peuple ainsi constitué un travail interne pour expulser l'un des principes contraires, dont le combat trouble l'harmonie des fonctions vitales et leur exercice régulier, chacun d'eux voulant prévaloir, et le voulant forcément, nul repos que l'un ou l'autre n'ait effectivement prévalu. Qu'a-t-on gagné à retarder? sinon des agitations, des craintes et des maux sans nombre, la longue et inquiète attente d'une sécurité toujours désirée et qui fuit toujours, jusqu'à ce qu'enfin brille au ciel un de ces rayons bienfaisants qui font connaître aux hommes la marche sublime, incessante et sainte des lois providentielles.

Le malaise actuel n'est donc pas le résultat de la nature de notre gouvernement, puisqu'il a toujours été produit par toutes les commotions politiques; ce n'est donc pas un phénomène dont nous devions nous effrayer.

Devons-nous l'attribuer aux gouvernants? Le pouvoir a toujours eu ses flatteurs, il ne m'a pas convenu de l'être, alors que la flatterie pouvait être lucrative, pourquoi le serais-je aujourd'hui que les citoyens ont remplacé les courtisans ? Qu'il me soit donc permis de m'expliquer librement sur les membres du gouvernement provisoire.

Quelques-uns d'entre eux n'ayant, jusqu'ici, figuré sur aucune scène politique, il est impossible de les apprécier par leurs antécédents, mais il est permis de supposer que leurs opinions ne diffèrent pas ou diffèrent peu de celles professées par MM. Dupont de l'Eure, Arago, Lamartine et Ledru-Rollin ; ces quatre noms ont-ils donné des garanties suffisantes à l'ordre public ? Leurs actes, depuis qu'ils sont au pouvoir, sont-ils de nature à ébranler ou à inquiéter la confiance nationale ? Nul doute qu'au point de vue politique, leurs idées ne soient pas celles de tous, nul doute encore qu'il ne soit permis à beaucoup de les discuter, de les blâmer et de les rejeter ; mais, en résumé, que veulent-ils ? La république : nous avons vu que ce gouvernement, plus parfait que les autres, n'était de sa nature nuisible à aucun des intérêts généraux des particuliers ; leur désir, en lui-même, n'est donc pas compromettant pour la nation. Reste à discuter la capacité de chacun d'eux et à cet égard, il suffit de les avoir nommés, pour qu'il ne soit permis à personne d'en douter. Non pas qu'il faille croire à l'infaillibilité de leur génie politique, certes un tel privilége est le partage exclusif de la divinité ! Mais nous le savons et la France sait avec nous qu'ils représentent les sommités scientifiques et littéraires de la patrie ; nous savons et la France sait avec nous que plusieurs parmi eux sont depuis longtemps rompus aux affaires de l'état et que leurs idées d'économie politique, souvent expliquées à la tribune, ont presque toujours obtenu et mérité les applaudissements d'une chambre qui leur était hostile et de la nation qui les écoutait en les lisant.

Mais il y a plus, en admettant de leur part des erreurs ou des fautes, devrions-nous en concevoir de vives alarmes ? Ces erreurs ou ces fautes ne pourraient atteindre le dogme fondamental de la constitution, elles se perdraient dans de simples modifications accessoires ou dans des combinaisons de détail, au-dessus desquelles planerait toujours la sécurité générale ; quelle durée pourrait avoir une aberration de leur part ? L'assemblée nationale ne va-t-elle pas s'ouvrir bientôt ? La France entière, dans le choix de ses représentants, ne va-t-elle pas approuver ou condamner, maintenir ou changer, admettre ou rejeter ? Non, nous n'avons rien à craindre des hommes qui gouvernent ; leurs erreurs, s'ils en commettent, seront des erreurs inséparables de la fragilité humaine ; inévitables peut-être dans un remaniement universel des éléments constitutifs d'un vaste empire.

Peut-on, sans douleur et sans peine, enfanter la vie ? Ils portent dans leurs mains notre bonheur et celui de nos enfants, que les passions se taisent quelques jours, faisons silence et attendons.

Que reste-t-il donc à redouter ? quel vain fantôme peut nous effrayer encore ? Serait-ce la prétendue impossibilité d'une république française ? J'avoue qu'à ne considérer que les faits matériels de l'histoire, sans tenir compte de la philosophie historique, qui seule cependant peut leur donner mouvement et consistance, bien des doutes pourraient naître dans les meilleurs esprits. Voyez, en effet, ce que fût notre vieille république et combien elle vécut ? Quelques jours, il est vrai longs comme un siècle, la virent naître et mourir. Elle était forte cependant ; si elle eût des rêves sanglants, elle eût aussi des heures sublimes, et qu'en est-il resté ? Rien ! Vous dites rien, et moi je dis tout ! Vous dites qu'elle a passé vite, et moi je dis que celle d'aujourd'hui et celle de 89 ne sont pas deux républiques nées à des époques diverses, mais une seule et même république, ensevelie d'abord sous le manteau d'un soldat empereur et puis garottée par trois gouvernements successifs ; parce qu'ils l'avaient mise au cachot, ils la croyaient morte ; comme s'il suffisait pour constater le décès d'un malade que le médecin passât dédaigneusement devant sa douloureuse couche ! Voulez-vous savoir ce qu'il y a eu entre ce qu'ont vu nos pères et ce que nous voyons aujourd'hui ? Ne parlons pas de la gloire, même quand elle se trompe, elle est en France de tous les temps et de toutes les générations. Il y a eu des gouvernements dévoyés, sans liberté dans leurs allures, n'ayant le choix qu'entre des périls extrêmes ; ils ne le sentaient pas, mais il y avait dans leur existence un instant fatal, où la nécessité allait les saisir et les traîner palpitants là où ils devaient aller. « Déraciné par les eaux du fleuve, l'arbre qui rétrécissait son lit penche peu à peu, tombe dans le courant, et on le voit descendre, descendre, d'un mouvement toujours plus rapide, jusqu'à la cataracte. »

Que reste-t-il alors ? Les pouvoirs ont disparu, le pouvoir n'existe plus ? Il reste le peuple et toujours le peuple ! Les rois s'en vont, les hommes s'en vont-ils ? Ces hommes ne sont pas nés pour la république parce qu'ils composent une vieille nation monarchique ! qui a dit cela ? Ces nations ne peuvent vieillir sans se renouveler, c'est-à-dire que les nations se rajeunissent sans cesse parce qu'elles ne vivent que sur des idées de justice et que ces idées-là sont toujours jeunes. Il en est d'un peuple comme d'un homme ; lorsque celui-ci a grandi, qu'il a pris place dans la société, les vieillards qui l'ont vu naître se plaisent à dire qu'ils l'ont vu enfant et ils paraissent surpris de le voir si grand et si beau, si habile et si courageux ; ainsi d'une nation ; les vieillards ne manquent pas qui lui disent quand elle apparaît sous une forme nouvelle : chétive et faible, « tu ne vivras pas ! » Laisse-la grandir, vieillard, et ne la touche pas de ton doigt décharné, car tu pourrais la glacer ; arrière, arrière ! Encore un instant, et elle va marcher d'un pas ferme dans le chemin des peuples, tandisque les tiens se seront arrêtés dans les sentiers de la mort ! Ne savez-vous pas qu'il faut qu'une nation naisse d'abord avant d'être forte et d'avoir atteint l'état de perfectibilité auquel Dieu l'a prédestine ? ne savez-vous pas que les années d'un peuple sont des siècles ? A ce compte, quel est l'âge de la France ? Vous la croyez vieille et elle touche à peine à sa majorité ! Quelle erreur est la vôtre ! Enfant, on l'enveloppait de langes, on la couchait dans son berceau et, pour l'endormir on murmurait à son oreille de bonnes vieilles chansons, douces cependant et caressantes, si vous le voulez, mais enfin c'était des chansons et elle dormait.

A mesure que les années, c'est-à-dire les siècles passaient sur sa tête, elle grandissait, sa volonté devenait plus capricieuse et plus ferme, on la châtiait; mais elle est majeure aujourd'hui, dites à sa nourrice de l'étendre encore dans sa couche enfantine, dites lui de la fouetter parce qu'elle veut marcher seule et sans lisière! Est-elle donc vieille parce qu'elle veut marcher seule! Ne voyez-vous pas que son émancipation date de 89 et qu'elle entre dans sa majorité? ou bien pensez-vous que soixante ans de l'existence la plus agitée ne lui ait rien appris? Elle choisit pour assurer son avenir l'état de République; de quel droit lui dites-vous que cet état ne lui convient pas? Depuis quand la perfection ne peu-telle pas être l'apanage de la France? Ce qui vous trompe c'est l'infini qui sépare l'esclavage et la parfaite réalisation du principe d'égalité et de liberté; ce qui vous trompe c'est que vous n'avez pas aperçu qu'entre ces deux points extrêmes, il existe des degrés que les peuples sont appelés à parcourir successivement et qui déterminent pour chacun d'eux, aux diverses époques de son existence, la me-

sure et la forme du progrès social. « Si ce développement naturel n'éprouvait point d'entraves, s'il s'opé-
rait régulièrement par la libre énergie de l'organisme,
rien dans la société ne serait immobile, et tout y serait stable. Appelle-t-on instabilité le mouvement naturel de croissance des êtres vivants ? Mais lorsqu'une
cause interne arrête cette croissance, le désordre
qu'elle engendre et la souffrance que le désordre produit amènent immédiatement une réaction plus ou
moins violente. Or, c'est là souvent ce qui arrive aux
peuples arrêtés, eux aussi, dans leur naissance, soit
par des institutions politiques qui les serrent comme
un corselet de fer, soit par des volontés humaines
arbitraires, et communément par l'un et l'autre à la
fois. Alors qu'advient-il ? mus par le besoin de vivre,
en même temps qu'irrités par le sentiment de l'injus-
tice, ils repoussent les hommes et brisent le corselet.
Cela s'est vu, se verra toujours ; on ne se soustrait
point aux lois naturelles. »

Choisissez l'une de ces deux comparaisons, l'un de
ces deux raisonnements ; je vous les abandonne et vous
défie d'y rien opposer de solide et de vrai. Pour qu'il
en fût autrement, il faudrait dire qu'un peuple doit se
maintenir éternellement dans le même état, dans les

mêmes conditions d'existence ; il faudrait nier sa vie et l'embaumer comme une momie ! Il faudrait mentir aux lois de la nature ! « Quand la vie se ranime au printemps , que la fonte des neiges grossit les fleuves , que les plantes sortant de leur sommeil élancent leurs tiges nouvelles vers l'astre bienfaisant qui les abreuve de ses rayons, et que les arbres reverdissant se couronnent de leurs jeunes rameaux , quels seraient les insensés qui s'efforceraient de suspendre le cours des eaux , le développement des arbres , la croissance des plantes ; qui protesteraient , au nom de l'hiver , contre la fécondité de la nature , alors qu'une chaude et moite haleine r'ouvre en son sein les sources de la vie ? »

Les changements qui viennent de se réaliser sont le résultat nécessaire des causes premières , il ne faut donc pas les rejeter, mais les admettre. Vous auriez voulu qu'ils se fussent produits sous la forme monarchique , ils ont eu lieu sous la forme républicaine ; c'est-à-dire que vous auriez voulu qu'après avoir vécu de la vie d'un enfant , dans l'esclavage et le servage ; qu'après avoir joui de son émancipation sous un régime constitutionnel, la France ne vécut jamais de la vie de l'homme. Elle a été gouvernée par un seul , sous le régime absolu ; par plusieurs , sous le régime constitutionnel, elle a voulu un jour n'être plus gouvernée que par elle-même, voilà l'esprit de l'histoire nationale ! Vous auriez voulu la réduire à une perpétuelle enfance, elle a voulu marcher seule : voilà le fait palpitant qui s'est déroulé sous nos yeux.

Est-ce à dire pour cela que l'état de république aura moins de durée que l'état monarchique absolu ou que l'état monarchique constitutionnel ? Rien ne l'affirme et tout le nie. En effet, pour l'affirmer, il faudrait soutenir qu'un état provisoire est plus qu'un état définitif, ou bien qu'il y a plus de perfection sociale à vivre sous la verge d'un homme ou de plusieurs hommes qu'à vivre en pleine liberté. Il faudrait soutenir que l'enfance de l'homme est plus longue que sa vie virile, c'est-à-dire qu'il faudrait se jeter dans l'absurde pour nier l'évidence.

La République n'est donc pas impossible en France; elle n'est donc pas condamnée à y mourir au berceau ; elle ne blesse ni les intérêts généraux ni les intérêts particuliers ; que nous manque-t-il pour nous rassurer ? La foi dans l'avenir des peuples ; quelle cause déracine en notre âme cette semence divine qu'y a jeté la sagesse de la providence ? Les difficultés et la longueur de la route, c'est-à-dire l'égoïsme : pensez-vous que nos peres aient jamais compté jouir des biens qu'ils nous ont laissés ? Qu'a voulu Dieu en plaçant au delà de la vie de l'homme le but qu'il s'y doit proposer, sinon que cette vie si courte fût un perpétuel dévouement ? Voyez :« Il se lève le matin, laboure et sème, et « le soir venu, il repose sa tête sur le dernier gazon « que ses bras ont remué, abandonnant à la provi- « dence le soin de la moisson future cachée dans le « sillon humecté de ses sueurs, et que d'autres re- « cueilleront. »

Croyez-moi, le doute et la timidité n'ont jamais rien sauvé ; en matière sociale, la prévoyance n'est pas toujours la sagesse ; ce qui fait la force, c'est la foi en l'humanité et en la providence. Affermissons nos ames en présence de ce grand avenir vers lequel une main divine pousse les peuples, et au lieu d'abaisser nos regards sur les points encore obscurs de la route, relèvons-les, et que pas un instant ils ne se détachent du terme radieux, objet des immenses aspirations du genre humain, et que de siècle en siècle, il n'a cessé de saluer dans ses hymnes d'espérance.

DEVOIRS DES CITOYENS.

La liberté est le droit des peuples
CHATEAUBRIAND.

Les hommes naissent et demeurent libres et égaux en droits. Ces droits sont : la liberté, la propriété, la sûreté et la résistance à l'oppression.

Cette simple définition des droits de l'homme, empruntée à la constitution décrétée par l'assemblée nationale en 1791, renferme en réalité le principe vital de toute société sérieusement constituée. Cette doctrine est tellement dans la nature, qu'il serait aussi absurde d'en essayer la démonstration qu'il serait absurde de vouloir aujourd'hui prouver l'existence de Dieu, l'immortalité de l'âme et, par conséquent, la vie spiritualisée d'outre-tombe, après la vie matérielle et terrestre. Ces principes ont été tour à tour et à des épo-

ques différentes, niés ou admis par des esprits éminents.
Les uns ont enseigné et soutenu la légitimité du pouvoir d'un seul, prétendant trouver dans la nature elle-
même la raison des prééminences, des rangs et de la noblesse d'origine ; à leurs yeux, les hommes ne naissaient
pas égaux, ou s'ils naissaient égaux, cette égalité ressem-
blait aux langes du premier âge ; elle sommeillait dans
le berceau du nouveau-né, se déchirait peu à peu et
finissait par être en lambeaux lorsqu'elle était rempla-
cée par la *robe prétexte* ; comme s'il pouvait être vrai
que le Père commun eût créé entre ses enfants des dis-
tinctions matérielles, là où il n'a pas voulu en établir
parmi les intelligences : comme s'il était possible qu'un
droit naturel ne fût pas un droit imprescriptible, inalié-
nable et sacré ? Aussi chaque siècle a-t-il fait entendre de
loin en loin de nobles voix qui ont protesté, pour l'humanité, contre l'usurpation par quelques-uns des droits
de tous. Jusqu'à ce qu'enfin, après mille expériences
plus ou moins utiles, après mille secousses plus ou moins
terribles, le tout, revêtu de plus de force et de plus de
lumière, ait été proclamé plus que la partie de jour en
jour plus faible et s'éteignant, pour reprendre sa place
dans la masse sociale. C'était le temps de l'ignorance
politique. D'autres sont venus après, dont l'esprit éga-

ré par de chimériques idées ou plutôt par des idées pleines d'une dangereuse présomption, croyant élever l'homme à une plus haute dignité et ne réussissant qu'à le dégrader, ont proclamé qu'il s'était fait lui-même ou qu'il était l'œuvre du hazard ; comme si le rien pouvait créer quelque chose ! comme si quelque chose d'organisé pouvait sortir du hasard ! C'était le temps de l'ignorance philosophique.

Grâces à Dieu, ces malheureuses époques ne sont plus ; qui les a emportées ? le souffle de Dieu, la main des nations. La liberté et l'égalité humaines ne sont pas plus contestées aujourd'hui que l'existence et la sagesse divines ; tout le monde sait que les fils d'Adam ne sont qu'une même famille qui marche vers le même but.

Si nous connaissons le point de départ et le terme du voyage, connaissons-nous aussi bien l'ordre de la marche ? Nous savons que nul ne doit dépasser les rangs et se placer à la tête de la phalange ; mais, hélas ! la route est étroite et les voyageurs sont nombreux, tous ne peuvent pas marcher de front ; ceux-ci sont robustes et forts, les pieds de ceux-là sont faibles et délicats. Faudra-t-il les attendre ou les abandonner sur le grand chemin ? Mais, voyez : l'orage s'élève, une pluie froide et glacée tombe, et la nuit étend sur la terre son voile de deuil ; vos frères gémissent en peine à toutes les désolations du cœur, irez-vous seuls chercher un salutaire abri, partagerez-vous avec eux les souffrances du voyage ? non ! les abandonner serait cruelle lâcheté, souffrir avec eux serait inutile faiblesse ; vous les prendrez par la main, vous aiderez leurs pas chancelants et tous ensemble, pélerins de Jésus-Christ et de la vérité, vous arriverez sinon dans un palais, du moins dans une chaumière où se rechaufferont et se délasseront vos membres glacés et brisés. Les uns auront accompli un devoir, les autres auront profité d'un droit. Le droit suppose nécsssairement l'existence du devoir, et ces deux choses combinées forment le bonheur des citoyens et la stabilité de l'Etat. D'où il suit, qu'après avoir établi la possibilité d'une république en France, il est indispensable d'expliquer la nature des droits qui nous appartiennent et la nature des devoirs que nous avons à remplir.

Il est bien entendu qu'il ne s'agit ici que de la vie politique et sociale, chaque individu pouvant se créer ou s'inspirer dans le secret de sa conscience des obligations admises ou commandées par ses convictions religieuses. Ce n'est pas comme individu que je considère l'homme, c'est un sens trop étroit pour une si large question ; je le prends dans ses rapports avec la société entière, et cela posé je dis qu'il y a pour tout citoyen trois grandes et inépuisables sources de devoirs et de droits, j'ajoute que les uns naissant naturellement des autres, ils découlent tous de la même source : la vérité religieuse, la vérité philosophique et la vérité politique.

La vérité religieuse est la connaissance d'un Dieu unique manifestée par un *culte libre.*

La vérité philosophique est la science des choses intellectuelles.

La vérité politique est la liberté organisée par l'égalité.

Il n'y a plus en France et depuis long-temps de religion privilégiée ou de religion opprimée par l'Etat ; depuis plusieurs années, on a fait davantage en devenant plus conséquent, on a détruit ce mot de *tolérance* qui paraissait établir une ligne de démarcation entre les consciences et leurs opinions. Tous, dans l'état actuel des choses, sont donc revenus, sous ce rapport, au principe de la liberté absolue ; et cela se comprend, le droit naturel est antérieur au droit religieux ; ce dernier, quelle que soit sa doctrine, a toujours été et sera toujours porté à l'exclusivisme ; c'est un sentiment qui descend dans l'homme à l'insu de l'homme, mais le premier droit est plus généreux. L'homme a été d'abord, puis, s'il est pénible de faire cette spécieuse abstraction, il a été libre, ce n'est que plus tard qu'il apprit à se connaître et à connaître Dieu. Sa première action ne fut pas une action religieuse, mais un acte d'indépendance et de liberté. Il est vrai que cet acte fût une faute, mais ce fut du moins une faute libre, car il ne peut pas y en avoir d'autres. Aurait-on estimé davantage un acte utile produit par une machine ? Lui préférerait-on par hasard, la servitude à peu près générale qui s'est répandue depuis, presque toujours cruelle et toujours dégradante ? Hélas ! il a fallu bien des siècles pour que le Christ vînt jeter au milieu de l'humanité perdue le mot de *fraternité* qui devait tout réhabiliter, qni réhabilitait réellement, mais qui s'était égaré de nouveau à travers les passions des hommes ! Le germe n'a pu en être étouffé cependant ; Dieu avait dit qu'il ne mourrait pas ; grâces à lui, les souverains les plus absolus ont quelquefois courbé leur tête et laissé dormir et reposer leurs épées et leurs haches-d'armes. Grâces à lui, l'intelligence humaine n'est pas redescendue au dernier degré de démoralisation.

C'est encore grâces à lui, qu'après un travail incessant et mystérieux qui s'est fait dans le sein de la société, nous en sommes revenus à pouvoir proclamer en fait comme en droit l'égalité, la liberté de toutes les religions chrétiennes. Il n'y a donc plus aujourd'hui de distinction entre une croyance et l'autre ; les dissensions qui régnèrent entre elles cesseront, ou bien se videront paisiblement dans le sein des écoles, de manière à ce qu'elles n'apportent plus le trouble et la perturbation dans la société civile ; un protestant sera pour le catholique un frère dont les idées diffèrent des siennes, ni plus ni moins ; les injurieuses dénominations depuis long-temps tombées en désuétude, seront effacées de tous les dictionnaires ; en un mot la liberté réelle des consciences et l'égalité des droits feront naître partout, dans l'Etat, comme dans les familles, l'ordre et la paix, sans lesquels il n'y a rien de durable.

Pour empêcher ou retarder l'entière réalisation des bienfaits qui sont la naturelle conséquence du principe politique admis et proclamé, un seul danger est à craindre ; les croyances qui, jusqu'à ce jour, se sont considérées comme dans une position relativement inférieures à celle du catholicisme, se trouvant aujourd'hui dans la plus parfaite égalité, ne seront-elles pas tentées de devenir oppressives ou tout au moins tracassières? Les bons esprits, les esprits sages et éclairés, qui se rencontrent là comme ailleurs, n'en concevront assurément pas l'idée, ils en gémiront si elle se manifeste, c'est à eux qu'il appartiendra d'empêcher ce retour vers un passé qui ne peut plus être et que le présent répudie ; ce serait regarder derrière soi au moment où la société marche au pas de course. Il y aurait à cela un danger bien autrement redoutable, parce qu'il est plus nessetiellement désorganisateur, c'est que nous manquerions à nos devoirs de citoyens. A côté de chaque droit s'élève un devoir; nous voudrions pour notre culte le respect de nos concitoyens, tandis que nous ne manifesterions pour le sien que le plus superbe dédain; cette faute, si elle se commettait jamais, entraînerait après elle de très-funestes conséquences; qui ne sait, en effet, qu'il se trouve aujourd'hui, répandus dans la société, un trop grand nombre d'esprits raisonneurs qui n'appartiennent ni au Judaïsme, ni au Catholicisme, ni au Protestantisme? Esprits égarés qui ne croient plus à rien et pour lesquels toute croyance est une faiblesse et un ridicule! A leurs yeux, le Christianisme est passé : — passé? oui, — dans la rue où vous abattez une croix, chez vos deux ou trois voisins, dans la coterie où vous déclarez du haut de votre supériorité qu'on ne vous comprend pas; l'avenir est tout illuminé pour vous des feux qui font clignoter les faibles yeux de vos pères. Soit : mais nonobstant ce, et sauf le respect dû à votre supériorité, le Christianisme n'est pas passé : il vient d'affranchir la Grèce et de mettre en liberté les Pays-Bas; il se bat dans la Pologne. Le Clergé catholique a brisé sous nos yeux les chaînes de l'Irlande; c'est ce même Clergé qui a émancipé les colonies espagnoles et qui les a changées en républiques. Le Catholicisme fait des progrès immenses aux Etats-Unis. Toute l'Europe ou barbare ou civilisée s'enveloppe, dans différentes communions, de la forme évangélique. . . . . . Ne tenir aucun compte, au moins comme un fait, de cette pensée chrétienne qui vit encore parmi tant de millions d'hommes dans les quatre parties du monde, de cette pensée que l'on trouve au Kamtschatka et dans les sables de la Thébaïde, sur le sommet des Alpes, du Caucase et des Cordillières; nous persuader que cette pensée n'existe plus parce qu'elle a déserté notre petite cervelle, c'est une grande pauvreté. (1) »

(1) Châteaubriand.

C'est à ces esprits qu'il faut demander le respect dû à nos convictions ; s'il leur en coûtait quelque chose pour obéir à ce devoir, ils devraient faire le sacrifice de leurs idées et s'incliner devant nos convictions. Il nous sera facile de respecter celles qu'ils se sont formées, nous leur reconnaissons le droit de ne pas en avoir.

Ainsi donc, sous le rapport de la vérité religieuse, chaque opinion chrétienne peut librement se montrer à côté d'une autre et chacune d'elles mérite les mêmes prérogatives et la même vénération. S'écarter de ce principe serait manquer aux devoirs du vrai citoyen et démériter de la République.

Toutes les vérités sont sœurs ; en retrancher une ou la nier, c'est les nier toutes ; en admettre une, c'est les reconnaître toutes, au moins implicitement et par voie de déduction. Mais le lien de famille, s'il est permis de parler ainsi, ne se rencontre nulle part aussi sensible, aussi palpable que celui qui unit la vérité religieuse à la vérité philosophique ; la liberté de penser est donc la conséquence nécessaire du droit de croire. On ne saurait, en effet, imaginer l'une sans l'autre. L'une et l'autre n'ont pour bornes que le cœur et l'esprit de l'homme. Quelles choses ne relèvent pas de la philosophie, quand la philosophie compte dans son

domaine les choses intellectuelles, morales et naturelles ? Quelle main pourra désormais fixer des limites à
la pensée et lui dire : tu n'iras que jusques là ! Il en
est qui ont osé lui intimer cet ordre insolent, mais la
pensée s'est glissée sous les portes des cachots ; elle a
brisé les serrures, le geôlier quelquefois lui a rendu la
liberté, en l'emportant attachée à un infâme trousseau
de clés ; c'était celle d'un monde et elle passait sans
bruire contre celles de fer, sans que la sentinelle pût
lui crier : halte là ! La pensée n'a plus d'entraves aujourd'hui, tout l'espace est à elle, elle peut à son aise
planer sur la société des intelligences ; mais à vrai
dire, si la liberté qui lui est enfin rendue est aussi pré-
cieuse que la liberté religieuse, elle est moins généra-
lement sentie ; elle ne s'adresse qu'à l'esprit, l'autre touche au cœur, et le cœur a plus besoin de vie que l'esprit ;
tout le monde sent, tout le monde ne comprend pas.

Toutefois elle n'est ni moins noble en elle-même,
ni moins nécessaire au salut de la société humaine ;
la pensée religieuse est une seule grande pensée qui,
tout à la fois, illumine et échauffe l'humanité, c'est
le soleil divin placé par Dieu sur la route des intelligences. — La pensée philosophique renferme mille
pensées qui se rattachent à elle et qui brillent quand
le soleil a quitté notre horizon ; ce sont les étoiles at-

tachées par la Providence à la voûte céleste; les étoiles n'ont-elles pas la même origine que le soleil ; si elles sont moins éclatantes, ne guident-elles pas aussi la marche du voyageur ? ne nous sourient-elles pas souvent d'un sourire doux et caressant ? La terre n'aurait-elle rien à perdre si elles disparaissaient du ciel ? Laissons donc à la pensée toute la liberté que Dieu lui a donnée ; c'est un droit. Souvent elle s'égare, elle change souvent ses principes ; mais ne savez-vous pas bien qu'il y a des étoiles errantes ? N'avez-vous jamais, dans votre enfance, entendu parler des étoiles qui filent ? Les pensées qui changent sont des étoiles errantes, celles qui se trompent sont des étoiles qui filent ; en France, les pensées fausses, celles qui ne tiennent à rien, sinon à l'erreur, blessent profondément les esprits supérieurs, où le sens commun n'est qu'une vie éphémère.

Le devoir de la société est donc de respecter le droit du penseur ; mais le penseur n'a-t-il aucun devoir à remplir vis-à-vis de la société ? Si sa pensée est libre, la manifestation de la pensée est-elle également libre ? La société ne doit apporter aucun trouble dans la confection des idées qui surgissent dans l'intelligence ; mais le penseur peut-il jeter le désordre au sein d'une famille ou au milieu de la communauté sociale ? Ces questions , je ne me le dissimule pas , sont d'une extrême délicatesse et leur solution entraîne après elle les plus graves difficultés. C'est la tâche des législateurs, je n'ai pas à m'en occuper. Ce qu'il m'appartient de dire, c'est que le droit de l'individu ne peut pas être égal à celui de tous les individus , et qu'en conséquence , la société a le droit d'empêcher la manifestation des idées , quand ses idées sont nuisibles à la morale , et à la société générale ou à la sûreté particulière.

Le penseur remplit au milieu des lumières un véritable apostolat , l'apostolat de la raison , celui de la vérité , celui de la civilisation ; ses idées , pour être dignes de cette mission , doivent toujours être d'accord avec la morale et l'équité ; ce qui est sacré pour la société doit aussi être sacré pour lui , sinon il mérite lui-même de n'être plus respecté : « Je ne puis « me dispenser de blâmer les écrivains qui , sous pré- » texte d'attaquer la superstition , cherchent à saper « les fondements de la morale , et donnent atteinte « aux liens de la société ; d'autant plus insensés, qu'il « serait dangereux pour eux-mêmes de faire des pro-

« sélytes ! Le funeste effet qu'ils produisent sur leurs
« lecteurs , est d'en faire, dans la jeunesse , de mau-
« vais citoyens , des criminels scandaleux , des mal-
« heureux dans l'âge avancé , car il y en a peu qui
« aient alors le triste avantage d'être assez pervertis
« pour être tranquilles.

« L'empressement avec lequel on lit ces sortes
« d'ouvrages , ne doit pas flatter les auteurs...... La
« satyre , la licence et l'impiété n'ont jamais seules
« prouvé l'esprit (1). »

La vérité philosophique qui suppose nécessairement
la liberté de la pensée , rejette et condamne donc la
promulgation des pensées nuisibles à la société ; d'où
il suit que l'écrivain qui entend ainsi sa liberté se fait
une fausse idée de la liberté et qu'il manque aux devoirs les plus sacrés qui lui soient imposés par les lois
sociales. Il serait permis de lui appliquer cet axiome :
sans droit point de devoirs, et sans devoir point de
droit.

Qu'est-ce que la liberté politique dans un État de
république ?

(1) Duclos , de l'Académie française ; *Considérations sur les
moeurs de ce siècle* , ch. II, *sur l'éducation.*

1º Le gouvernement de tous par tous ;

2º Le droit d'association pour le travail ;

3º Le droit de la résistance à l'oppression.

S'il est vrai que le gouvernement démocratique soit le plus parfait, en ce qu'il se rapproche plus que tout autre de l'état de nature, il n'est pas moins vrai que c'est aussi celui qui, chez les grandes nations présente les plus graves difficultés ; soit en raison du nombre infini de combinaisons à régler entre elles, soit en raison même de la participation directe de tous les citoyens à la composition de ce gouvernement. Il faut une sagesse infinie chez les mandataires du peuple, et chez le peuple une intelligence et une modération d'esprit peu communes, pour que le vaisseau de l'Etat puisse braver hardiment tous les orages qui naissent à chaque instant du choc de tant de passions diverses. Plus l'élément démocratique devient universel, c'est-à-dire, plus la constitution est parfaite, plus aussi la nation est-elle obligée d'être sévère dans le choix qu'elle fait de ses représentants et de ses magistrats.

En partant de ce principe, il n'est pas douteux que nous ne jouissions aujourd'hui d'un système provisoire plus large qu'aucun des systèmes politiques appliqués à quelque nation que ce soit ; aujourd'hui que nous sommes à la veille d'entrer en possession et de faire acte de notre souveraineté ; par les élections auxquelles nous nous préparons, il n'est pas inutile de nous éclairer par l'étude des constitutions des républiques anciennes.

Tous les Etats républicains ont constamment considéré comme loi fondamentale, celle qui règle le droit de suffrage ; mais ils n'y ont jamais appelé tous les citoyens, parce que chez eux, l'esprit aristocratique se combinait toujours avec l'élément démocratique, ainsi.

Les assemblées électorales, à Lacédémone, étaient formées de dix mille citoyens. Le nombre n'en fut pas fixé Rome, et Montesquieu prétend que ce fût une des grandes causes de sa ruine (1).

A Athènes, Solon divisa le peuple en quatre classes ; les juges purent être choisis dans l'une d'elles indistinctement. Les trois premières, composées des citoyens aisés, eurent seules le privilége de fournir les magistrats (2).

Servius Tullius divisa le peuple romain en cent

(1) *Grandeur et Décadence des Romains*, ch. IX. Paris, 1775.
(2) Denys d'Halicarnasse, *éloge d'Isocrate*.

quatre-vingt-treize centuries, qui formaient six classes; et mettant les riches, mais en plus petit nombre, dans les premières centuries, les moins riches, mais en plus grand nombre, dans les suivantes, il jeta toute la foule des indigents dans la dernière; et chaque centurie n'ayant qu'une voix, c'étaient les moyens et les richesses qui donnaient ce suffrage, plutôt que les personnes (1).

Du reste, le suffrage était donné par le sort, comme chez nous, et non par le choix. A Lacédémone et à Athènes, les suffrages étaient publics, et le furent aussi à Rome pendant de longues années, jusqu'à ce que les lois tabulaires vinrent les rendre secrets ; suivant Cicéron, ce changement causa la chute de la république (2).

La constitution française de 1791, avait suivi les errements des anciennes républiques, puisqu'elle avait placé d'une part la fortune et de l'autre la médiocrité, excluant tout-à-fait l'indigence. Suivant l'art. IV, la masse totale de la population active du royaume était divisée en deux cent quarante-neuf parts ; art. II, IIe Section : « Pour être citoyen actif, il fal-

(1) *Grandeur et Décadence des Romains*, ch. IX.
(2) Cicéron, l. I et III *des Lois*.

« lait payer une contribution directe au moins égale
« à la valeur de trois journées de travail. Art. VI. Les
« assemblées primaires nommaient des électeurs en
« proportion du nombre des citoyens actifs domiciliés
« dans la ville ou le canton. » Art. VII. « Nul ne
« pourra être nommé électeur s'il ne remplit les con-
« ditions suivantes : Dans les villes au-dessus de
« 10,000 ames, celle d'être propriétaire ou usufruitier
« d'un bien évalué, sur les rôles de contribution, à
« un revenu égal à la valeur locale de 200 journées
« de travail. Dans les villes au-dessous de dix mille
« ames et dans les campagnes, celle d'être proprié-
« taire ou usufruitier d'un bien évalué, sur les rôles
« des contributions, à un revenu égal à la valeur lo-
« cale de cent cinquante journées de travail.

Cette constitution qni créait ainsi une aristocratie
au milieu du mouvement le plus révolutionnaire, était
un contre sens et un mensonge : l'égalité et la liberté,
devenues pour le peuple un dogme sacré à jamais af-
fermi dans sa conscience et dans sa raison, appelaient
une organisation sociale qui en fut l'effective réalisation. Puis au lieu d'achever l'édifice construit avec
une ardeur si générale et si spontanée, on le démolit
en partie, pour élever sur ses ruines « je ne sais quel-

les fragiles demeures destinées à recueillir les reliques du passé. »

Nous savons quelles luttes sanglantes, quelles terribles catastrophes ont été l'inévitable résultat d'un système bâtard qui, chargé d'élever un nouvel édifice, en chercha les matériaux parmis les débris que la main du temps et le pied des nations avaient réduits en poussière; l'inexpérience politique de nos pères en fut l'unique cause, la force et la volonté ne leur firent pas défaut, il leur manqua ce que nous avons eu depuis, leur expérience d'abord et encore la nôtre. Aussi ne procédons-nous pas de la même façon qu'ils le firent : par l'abolitions du cens, il n'y a plus d'autre incapacité politique que l'incapacité civile; d'aujourd'hui seulement le peuple français est un peuple de frères ; aujourd'hui seulement s'ouvre pour l'humanité une ère nouvelle, car Dieu vient de bénir sa créature, de la reconnaître et de la faire entrer dans la voie qui doit la conduire au but assigné.

La France n'étant plus qu'une seule et même famille, pourrait-on refuser aux membres qui la composent le droit de s'associer? Nous vivons et nous mourrons sur la même terre, les mêmes lois nous régissent, le même sentiment fait battre nos cœurs et nous serions nécessairement et fatalement séparés par le travail ? Non, non , mille fois , non ! De même que nous sommes libres de penser et libres de croire , de même aussi nous sommes libres de nous unir et de nous associer , il n'y a de défendu que la désobéissance aux lois et les lois, consacrées par l'humanité, par l'Evangile et par la raison , bénissent et soutiennent l'union des travailleurs ! Pourquoi , par exemple , par esprit d'association, ne serait-il pas établi un système de crédit général où le travail serait accepté pour hypothèque d'un capital ou d'un crédit déterminé, où les garanties morales seraient combinées avec les garanties matérielles ? N'est-il pas admis déjà par d'excellents esprits que le travail uni à la probité forme une garantie souvent plus solide qu'une foule de gages matériels , ou douteux en soi, ou que mille circonstances peuvent détruire entre les mains des dépositaires ? Ce système poussé jusqu'à son extrême limite, aurait pour résultat de convertir en monnaies toutes les valeurs existantes sur le globe, de changer radicalement le système de la propriété, de sorte que chacun serait forcé pour vivre « d'appliquer d'une manière quelconque son travail au capital dont il disposerait, pour en tirer ses moyens d'existence, et que la meilleure existence, au lieu d'être celle de la richesse oisive, serait le prix de l'activité la plus intelligente et la mieux soutenue. Si ce système ne se réalise pas, soyez convaincus qu'il s'en produira un autre; peut-être existe-t-il déjà quelque part, dans une intelligence obscure et inconnue, si vous le voulez, mais il fera tôt ou tard son entrée dans le monde et lui fera subir sa dernière transformation, dernier degré de perfection humaine, puisqu'elle sera la fusion en une seule âme de toutes les âmes éparpillées sur la terre et désunies par l'égoïsme et l'orgueil.

Le droit d'association contre l'oppression ne peut se nier en France, sans que la France se nie elle-même; il n'y a donc pas matière à discussion. Le principe est universellement admis depuis qu'il est si souvent appliqué. La seule question est de savoir l'heure où l'oppression se lève pour asservir ; il paraît, au premier abord, difficile de préciser ce moment; mais la réflexion et un retour vers le passé viennent bientôt nous éclairer et nous apprendre que le balancier du temps marche sans bruit, marche sans s'arrêter pour les gouvernements comme pour les individus; quand les individus ne peuvent plus entendre la pendule sonner les heures, quand ils ne peuvent plus voir le régulier mouvement du balancier, ceux qui les approchent, s'écrient : ils sont morts! ils ont passé! quand les gouvernements n'entendent plus les pas du peuple, marquant ses haltes et ses progrès, quand ils ne voient plus que le mouvement législatif a cessé d'être régulier, on peut dire aussi : ils sont morts! ils ont passé!

Que faire alors? briser, humilier et dépouiller celui que vient d'abandonner la vie? oublier qu'il a été beau, qu'il a marché avec nous et qu'il a été adoré? Oh! non! laissez sur le front du mort l'auréole de son passé; le souffle qui vient de l'emporter n'est-il pas une consécration, et voulez-vous profaner la cendre des tombeaux? Rappelons-nous plutôt les applaudissements dont nous l'avons couvert, les fêtes que nous lui avons données et les joies qu'il nous a rendues! Et puis enfin si l'arbre, après avoir perdu sa vigoureuse sève, a cessé de produire des fruits, n'oublions pas les rejetons qui en sont nés et que la France a toujours vus sur le champ d'honneur. Générosité, noblesse et vaillance, que manquait-il à ces malheureux enfants? Ce qui leur manquait? était-ce l'estime de la France? non; il leur manquait un père qui pensât comme eux; il leur manquait ce qui a manqué aux princes qui les ont précédés dans l'exil, l'appui providentiel de la main qui veille sur la patrie et la conduit là où ses desseins l'appellent.

Que nous manquerait-il à nous-mêmes, citoyens d'une république éclose hier, depuis long-temps en germe dans nos esprits et qui doit devenir le grand arbre sous lequel les nations viendront s'abriter? il nous manquerait de négliger nos devoirs après avoir reconquis nos droits; c'est le degré du progrès moral qui fait le degré de liberté et d'égalité d'un peuple; voulons-nous demeurer libres et égaux? subordonnons nos intérêts propres aux intérêts de tous; que par le dévoûment, le sacrifice de soi à la chose commune, chacun de nous se montre digne de la dignité de citoyen à laquelle il vient d'être appelé! Que celui qui ne sait pas ou ne veut pas se dévouer pour une cause sainte, sans retour personnel sur soi, apprenne à ramper sous un maître. Dieu l'a marqué au front du stigmate de la servitude, mais lorsque le sentiment du devoir, l'amour fraternel, se développant chez une nation, y a profondément atténué l'influence du vil égoïsme, alors le progrès moral tend invisiblement à se réaliser dans les institutions politiques, et toute résistance opposée à la révolution accomplie, ne peut que se briser et disparaître comme font les flots de la mer se ruant, poussssés par l'orage, sur les robustes flancs d'un navire gouverné par d'intrépides nautonniers ; ce serait, du reste, la dernière bataille et nous n'en craindrions pas l'issue.

CONCLUSION.

La royauté n'est plus en France qu'une chose passagère; semblable à ces arbustes plantés sans racines, elle paraît conserver sa verdure, on attend d'elle de belles fleurs et les boutons ne peuvent éclore, et les feuilles se dessèchent, et elles tombent les unes après les autres emportées par le plus léger souffle de la plus faible brise, jusqu'à ce qu'enfin le robuste bucheron vienne mettre la cognée au pied de l'arbre.

Aucun peuple ne pouvant demeurer sans gouvernement, lequel remplacera celui de la royauté, sinon celui de la république? Par cela même qu'elle est nécessaire, elle est possible, elle est durable, car elle est dans toutes les intelligences le symbole de la liberté, de l'ordre et de l'égalité. Par elle les consciences n'ont plus de contrôle à subir, la pensée se développe sans entraves; la presse et l'éducation, ces deux moyens dont l'influence est si puissante sur la vie des sociétés modernes, ne sont plus torturées par une inquisition ministérielle hypocritement revêtue du manteau de la légalité; le père de famille confie ses enfants à qui bon lui semble, comme le citoyen confie son intelligence à la feuille politique dont la couleur lui plaît davantage,

Les magistrats sont plus respectés, parce qu'ils sont au milieu de la nation le libre symbole de la justice universelle. Le peuple pourrait-il ne pas entourer de sa vénération une justice qui sort de lui et qui se rend en son nom?

Le commerce et l'industrie ont plus de chances de prospérité, parce qu'au lieu d'être en proie aux perpétuelles dissensions qui le déchirent chaque jour; au lieu de créer entre les catégories d'ouvriers, de fabricants et de négociants, des lignes de démarcation qui font de ceux-ci des maîtres absolus et comblés des faveurs de la fortune, qui jettent ceux-là dans la plus complète servitude au sein de la plus profonde misère; le commerce et l'industrie s'aideront mutuellement et légalement, suivant les dispositions de nouvelles lois plus conformes aux intérêts généraux; et puis, plus tard, mais dans un avenir certain, par l'association volontaire de toutes les forces et de toutes les intelligences, de tous les bras des travailleurs avec tout l'or du riche.

Il existait sous l'ancien ordre de choses, je le sais, des sociétés littéraires d'où le citoyen était exclu à cause de sa profession que cette aristocratie de la république des lettres ne trouvait pas digne d'elle. Cette distinction professionnelle, immorale en elle-même, honteuse pour les hommes qui descendent jusqu'à elle, pourrait-elle exister encore sous la république? Suffit-il pour arriver à tous ces heureux résultats, que le gouvernement nouveau prenne le nom de république, sans établir enfin les bases d'un gouvernement vraiment populaire? non, sans doute ; il faut autre chose, il faut uneAssemblée nationale nationalement composée.Nous sommes à la veille des élections; bien des comités et des clubs ont préparé les noms de divers candidats, plusieurs listes ont été présentées aux électeurs; aucun élément certain n'a encore été fixé ; cette indécision n'est pas surprenante avec les intérêts ou les orgueils particuliers qui veulent dominer comme par le passé; tout le monde veut parvenir, chacun se croit plus digne que son rival de sauver la France, personne ne parle de dévoûment et d'abnégation; d'où il résulte que, suivant la coterie à laquelle appartiennent les candidats, on ne trouve sur des listes que des avocats, sur d'autres que des ouvriers, sur quelques-unes le commerce, l'agriculture sur aucune. Comme si l'assemblée nationale ne devait pas être la représentation fidèle de tous les grands intérêts du pays ! A moin de déserter ces intérets, il faut appeler en première ligne l'agriculture, l'industrie et le commerce ; en seconde ligne, les professions libérales ; celles-ci se ferons une place dans quelque régime qu'elles soient placées t les autres, surtout les deux premières ont été jusqu'à ce jour déshéritées. Laissez-les donc arriver à l'assemblée, ce n'est pas la lumière qui leur manque, elles sont riches en probité. Agir autrement, constituer encore des classes de parias, c'est créer des privilèges sous une autre forme, c'est préparer de nouvelles révolutions.

FIN.